D1526588

Lakes International
LANGUAGE ACADEMY

Conoce
India

Robin Johnson y Bobbie Kalman

🍄 Crabtree Publishing Company

www.crabtreebooks.com

Conoce mi país

Creado por Bobbie Kalman

Dedicado por Robin Johnson
Para Dean, una gran persona

Editora en jefe
Bobbie Kalman

Equipo de redacción
Robin Johnson
Bobbie Kalman

Editor
Michael Hodge

Investigación fotográfica
Bobbie Kalman
Robin Johnson
Crystal Sikkens

Diseño
Katherine Kantor
Samantha Crabtree (portada)

Coordinadora de producción
Katherine Kantor

Consultor lingüístico
Dr. Carlos García, M.D., Maestro bilingüe de Ciencias, Estudios Sociales y Matemáticas

Ilustraciones
William Band: páginas 16, 17
Barbara Bedell: página 13 (algodón)
Katherine Kantor: páginas 4, 5
Robert MacGregor: página 13 (arroz)
Renée Mansfield: páginas 20-21
John Mantha: página 13 (trigo)
Diane Rome Peebles: página 13 (pez)
Bonna Rouse: página 23

Fotografías
© Dreamstime.com: contraportada (máscaras), páginas 4, 9 (parte inferior),
    13 (parte superior), 14, 15 (parte superior izquierda), 21, 25 (parte inferior),
    30 (parte superior e inferior izquierda), 31 (máscaras)
© iStockphoto.com: páginas 3, 10 (parte inferior derecha), 22, 23 (parte superior),
    28 (naan), 29 (parte inferior derecha)
© 2008 Jupiterimages Corporation: páginas 18 (parte inferior), 19, 24 (parte superior),
    26 (parte inferior izquierda)
© Shutterstock.com: portada (excepto las máscaras), páginas 1, 5, 6, 7 (parte inferior),
    8, 9 (parte superior), 10 (parte superior e inferior izquierda), 11, 12, 13 (parte inferior),
    15 (parte superior derecha e inferior izquierda), 18 (parte superior), 23 (parte inferior),
    24 (parte inferior), 25 (parte superior y centro), 26 (parte superior e inferior derecha),
    27, 28 (excepto el naan), 29 (parte superior e inferior izquierda),
    30 (parte inferior derecha), 31 (excepto las máscaras)
Otras imágenes de Corel

Traducción
Servicios de traducción al español y de composición de textos suministrados por
    translations.com

Library and Archives Canada Cataloguing in Publication

Johnson, Robin (Robin R.)
    Conoce India / Robin Johnson y Bobbie Kalman.

(Conoce mi país)
Translation of: Spotlight on India.
Includes index.
ISBN 978-0-7787-8193-6 (bound).--ISBN 978-0-7787-8213-1 (pbk.)

    1. India--Juvenile literature. I. Kalman, Bobbie II. Title.
III. Series: Conoce mi país

DS407.J6418 2010   j954   C2009-902445-4

Library of Congress Cataloging-in-Publication Data

Johnson, Robin (Robin R.)
    [Spotlight on India. Spanish]
    Conoce India / Robin Johnson and Bobbie Kalman.
       p. cm. -- (Conoce mi país)
    Translation of: Spotlight on India.
    Includes index.
    ISBN 978-0-7787-8213-1 (pbk. : alk. paper) -- ISBN 978-0-7787-
8193-6 (reinforced library binding : alk. paper)
    1. India--Juvenile literature. I. Kalman, Bobbie. II. Title. III. Series.

DS407.J6518 2010
954--dc22
                                                     2009016819

Crabtree Publishing Company

www.crabtreebooks.com   1-800-387-7650

Publicado en Canadá
Crabtree Publishing
616 Welland Ave.
St. Catharines, Ontario
L2M 5V6

Publicado en los Estados Unidos
Crabtree Publishing
PMB16A
350 Fifth Ave., Suite 3308
New York, NY 10118

Publicado en el Reino Unido
Crabtree Publishing
White Cross Mills
High Town, Lancaster
LA1 4XS

Publicado en Australia
Crabtree Publishing
386 Mt. Alexander Rd.
Ascot Vale (Melbourne)
VIC 3032

Contenido

¡Bienvenidos a la India!

¡Bienvenidos a la India! La India es un **país** grande. En un país viven personas que deben cumplir con las **leyes** o reglas. Un país también tiene **fronteras**. Las fronteras dividen las zonas de tierra en países. La India comparte sus fronteras con otros seis países. Busca a la India y a sus vecinos en este mapa.

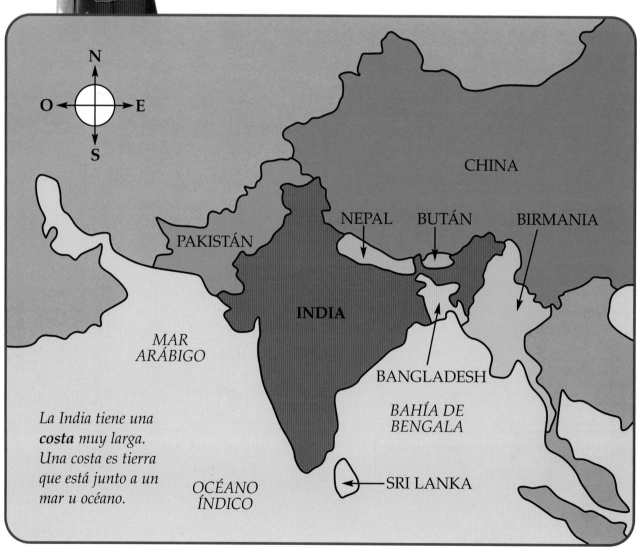

La India tiene una **costa** muy larga. Una costa es tierra que está junto a un mar u océano.

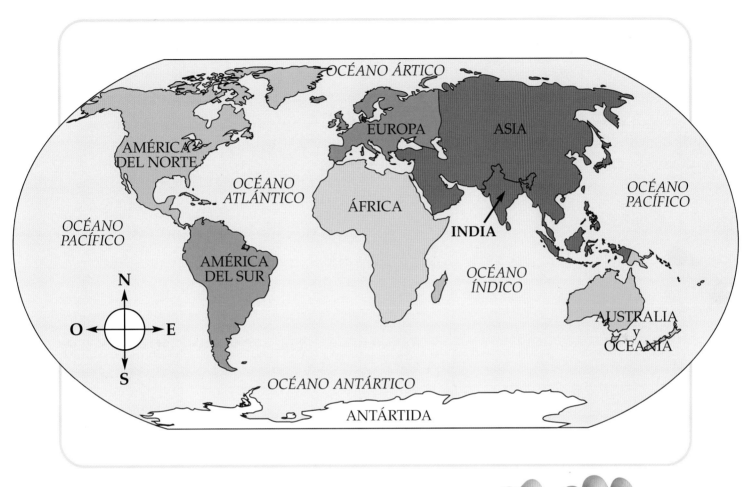

OCÉANO ÁRTICO

AMÉRICA DEL NORTE

OCÉANO ATLÁNTICO

OCÉANO PACÍFICO

EUROPA

ASIA

ÁFRICA

INDIA

OCÉANO PACÍFICO

N

O — E

S

AMÉRICA DEL SUR

OCÉANO ÍNDICO

AUSTRALIA y OCEANÍA

OCÉANO ANTÁRTICO

ANTÁRTIDA

¿Dónde queda la India?

La India forma parte del **continente** de Asia. Un continente es una zona de tierra inmensa. En la Tierra hay siete continentes: Asia, América del Norte, América del Sur, Europa, África, Antártida y Australia y Oceanía. Asia es el continente más grande del mundo. Busca a Asia y a la India en el mapa de arriba.

Las personas de la India

En la India hay muchas personas. La **población** de la India es de más de mil millones de personas. La población es la cantidad de personas que viven en un país. Las personas que viven en la India se llaman indios. Muchos indios hablan un idioma llamado hindi. En la India, además, hay muchos otros **idiomas oficiales**. Muchas personas también hablan inglés.

Vidas diferentes

Las personas en la India tienen formas de vida diferente. Los idiomas, las creencias, las costumbres y las **religiones** no son iguales. Aunque las personas puedan ser diferentes unas de otras, viven juntas pacíficamente en su país.

Los niños que están en este barco saludan con banderas indias. El letrero dice "Todos somos uno". ¿Qué crees que significa?

La familia es muy importante en la India. En muchos hogares, los niños, los padres, las tías, los tíos, los primos y los abuelos viven todos juntos. ¿Cuántas personas hay en esta familia?

El territorio de la India

En la India hay desiertos inmensos. Pocas plantas crecen en esas tierras secas y calurosas. Los camellos son animales que pueden vivir en los desiertos.

En la India hay muchos **paisajes**. Un paisaje es la forma en la que se ve la tierra. La India tiene **desiertos** secos, **valles** verdes, montañas altas y **llanuras** planas. En estas páginas se muestran algunos de los paisajes de la India.

En la India hay hermosos valles verdes. Un valle es un territorio bajo que se encuentra entre colinas o montañas.

En la India hay muchas montañas. Algunas montañas inmensas están cubiertas de nieve todo el año. Otras montañas más pequeñas tienen **climas** más templados. El clima es el tiempo habitual en un área.

Muchos indios viven en las llanuras. Las llanuras son tierras llanas que tienen pocos árboles. Las grandes llanuras de la India son buenas para sembrar **cultivos**. Los cultivos son plantas que la gente siembra para comer y para otros usos.

Clima salvaje

El clima severo con frecuencia afecta al territorio de la India. Las **inundaciones** o las **sequías** destruyen los cultivos. Los **terremotos** sacuden la superficie y dañan el territorio. En 2004, un **tsunami** golpeó la costa de la India. Un tsunami es una o varias olas inmensas. El tsunami mató a miles de personas y destruyó muchos hogares.

El puente de la ciudad está cubierto por el agua de la inundación.

Plantas y animales

En la India hay muchas clases de plantas y animales. Crecen o viven en diferentes partes del país. Cada clase de planta o animal está adaptado al lugar en donde vive.

*El loto es la flor **nacional** de la India. Nacional significa que pertenece a un país. El loto crece en las lagunas.*

bambú

Los pandas rojos viven en los bosques de las montañas de la India. Estos animales comen las plantas de bambú que crecen en los bosques.

*Los camellos viven en los desiertos secos de la India. Pueden sobrevivir durante varios días sin beber agua. Esta cría de camello se está **amamantando** o está bebiendo leche del cuerpo de la madre.*

Vacas benditas

La mayoría de las personas en la India creen que las vacas son **sagradas** o benditas. Las vacas son respetadas porque son mansas y por la leche que dan. Las personas toman leche y la usan para hacer mantequilla y queso. En muchas partes de la India es ilegal matar vacas o lastimarlas.

*Los tigres de Bengala viven en llanuras y bosques. Están en **peligro de extinción**. Los animales en peligro de extinción corren el riesgo de desaparecer en su estado natural.*

En la India, los elefantes asiáticos son animales de trabajo. Están entrenados para empujar árboles y mover troncos pesados en los bosques indios. Las personas también montan estos animales.

11

Las aldeas

*Muchas aldeas indias no tienen agua corriente. Las personas obtienen agua de **aljibes**, ríos o lagos. Esta niña llena un jarro de agua en una laguna que está **contaminada** o muy sucia.*

La mayoría de los indios viven en **aldeas**. Una aldea es un pueblo pequeño que está en el campo. En muchas aldeas indias, hay un **bazar** o mercado al aire libre y una **plaza** aldeana. Una plaza es una zona en donde las personas se reúnen. Alrededor de la plaza aldeana se construyen los hogares en las aldeas.

Estos niños y sus familias viven y trabajan en una aldea pequeña ubicada en el campo.

Agricultura y pesca

Muchos indios son granjeros.
Siembran cultivos en los campos
cercanos a las aldeas. En la India
los granjeros cultivan arroz,
trigo, caña de azúcar,
cacahuetes, bananas, té, algodón
y muchos otros cultivos. Otros
indios pescan para alimentarse.
Viven en aldeas de pescadores
ubicadas en las costas.

*Gran parte del trabajo de agricultura se realiza a mano.
Estos niños recolectan tomates. Muchos niños en la
India tienen que trabajar para ayudar a sus familias.*

pez   *trigo*   *algodón*   *arroz*

Estos pescadores indios usan redes grandes para atrapar peces en la costa.

Ciudades agitadas

*Estos **ricksha** van a toda velocidad por una calle de la ciudad. Un ricksha es un coche pequeño de tres ruedas que puede llevar a un conductor y a uno o dos pasajeros.*

Muchos indios viven en ciudades grandes. Las ciudades de la India son lugares agitados y ruidosos. Están atiborradas de gente, tiendas, **vendedores** callejeros, teatros y fábricas. Nueva Delhi es una de las ciudades más grandes de la India. Es la **capital** del país.

Las calles de Nueva Delhi están congestionadas de personas, automóviles, bicicletas y rickshas.

14

Mumbai es un gran centro de negocios.
Es la ciudad con mayor aglomeración del
mundo. Mumbai solía llamarse Bombay.

Varanasi, también conocida como Benarés, está situada
en la rivera del río Ganges. Las personas llaman a
Varanasi la "ciudad de los **templos**" y la "ciudad santa".
Personas de todas las religiones vistan esta ciudad.

En las ciudades más atestadas de la India
no hay suficientes trabajos ni hogares
para todas las personas. Mucha gente
tiene que vivir en las calles.

Algunos indios son ricos. Viven en hogares grandes
y cómodos. Esta familia celebra un casamiento.
Todos usan vestimentas elegantes.

La vida hace mucho tiempo

Los primeros indios creaban hermosas vasijas y otras obras de arte.

Hace miles de años, la India estaba habitada por personas. Los indios **ancestrales** o los indios que vivieron hace mucho tiempo, eran una **civilización**. Una civilización es un grupo de personas que comparten el idioma, el gobierno, las artes, la religión y que pueden **registrar** su historia. Los indios ancestrales estudiaban matemáticas y ciencia. Sembraban cultivos como guisantes, semillas de sésamo, dátiles y algodón. También intercambiaban productos con otras personas que vivían cerca.

Los primeros comerciantes indios usaban elefantes para transportar productos de un lugar a otro.

Los indios ancestrales construyeron pueblos y ciudades.
Estos edificios fueron construidos con ladrillos de arcilla.

Europeos en la India

Las telas o los tejidos indios son brillantes y coloridos.

En 1498, las personas de Europa empezaron a comerciar productos con la India. Comerciantes de Francia, Portugal, Inglaterra y otros países lucharon para tomar el control del comercio en la India. Deseaban las especias, los **tejidos** y otros elementos finos que los indios fabricaban. La Compañía Británica de las Indias Orientales se convirtió en la empresa comercial más exitosa de la India. Controló la mayor parte de la India durante muchos años.

Comerciantes de muchos países viajaban a la India. Buscaban los productos finos que allí se fabricaban. Este barco viaja rumbo a Mumbai. El edificio de abajo se construyó para recibir a las personas que llegaban en barco a la India. Lo llaman el Gateway.

La vida bajo el reinado británico

En 1858, la India se convirtió en una **colonia** británica. Una colonia es un lugar gobernado por un país lejano. Las personas de Inglaterra fueron a vivir a la India. Estos **colonizadores** se apropiaron de las granjas, los animales y otras pertenencias de los indios. Los colonizadores también se llevaron las **materias primas** de la India, como el algodón, a las fábricas en Inglaterra para elaborar productos. Luego vendían los productos a las personas de la India. Inglaterra se hizo rica, mientras que las personas de la India vivían en la **pobreza**.

Ser una colonia británica afectó a las personas de la India. Muchos indios aún viven la pobreza.

Protestas pacíficas

Las personas de la India no querían que Inglaterra los gobernara. Querían la **independencia**. Independencia es la libertad de poder gobernar su propio país. En 1916, un hombre llamado Mohandas Gandhi empezó a enseñarles a los Indios a luchar por su libertad. Les pidió que ya no compraran productos provenientes de Inglaterra y les enseñó cómo fundar sus propios negocios. Organizó **protestas** y marchas pacíficas.

Gandhi fue un gran líder. Creía que no era necesario usar la fuerza para lograr cambios. En la India lo conocen como el "Padre de la Nación". Alrededor del mundo se le conoce como el hombre de la paz.

La independencia de la India

Tras muchos años, el proceder pacifista de Gandhi dio resultado. El 15 de agosto de 1947, la India consiguió su independencia de Inglaterra. Un hombre llamado Jawaharlal Nehru se convirtió en el primer **primer ministro** de la India. El primer ministro es el líder de un país.

Nehru realizó un gran esfuerzo por mejorar la vida de los niños. Construyó muchas escuelas en todo el país. Estos jóvenes indios van a la escuela. Están viajando en un ricksha pequeño.

21

Gobierno de la India

El primer ministro Nehru ayudó a crear el nuevo **gobierno** indio. Un gobierno es un grupo de personas que están a cargo de un país. El gobierno toma decisiones importantes y dicta leyes que los ciudadanos de un país deben cumplir. En 1950 se formó la **República** de la India.

El gobierno principal de la India se encuentra en Nueva Delhi. El Secretariat, que se muestra aquí, es un edificio importante del gobierno.

¿Qué es una democracia?

El gobierno de la India es una **democracia**. En una democracia, los ciudadanos del país **eligen** o escogen a sus líderes. Los eligen a través del voto. El primer ministro es el jefe del gobierno indio. El primer ministro y los otros miembros del gobierno administran el país.

En la cara de este niño está pintada la bandera de la India.

La bandera de la India

La bandera de la India tiene tres franjas. La franja de color **azafrán** representa la pureza. La franja de color blanco representa la paz y la verdad. La franja verde representa el suelo rico de la India y las plantas que crecen en él. La rueda en el centro de la bandera representa la **justicia** y el cambio pacífico. La justicia significa igualdad.

El color azafrán es un naranja mezclado con amarillo.

Días festivos en la India

En la India hay muchos días festivos. Algunos son **días festivos nacionales**. Las festividades nacionales honran la historia de la India. El Día de la República es un día festivo nacional. El 26 de enero, los indios celebran el día en que la India se convirtió en república. Cada año en esta fecha, se hacen desfiles coloridos en todo el país.

El desfile más grande del Día de la República se realiza en Nueva Delhi.
Las personas de toda la India viajan para verlo.

Holi es un festival de primavera muy divertido. Durante el Holi, la gente canta, baila y realiza obras de teatro. Se salpican entre ellos con polvos de colores primaverales.

Para celebrar el Diwali, las personas encienden lámparas de aceite y las hacen flotar por los ríos. También miran los fuegos artificiales, comen dulces y dan regalos.

mehndi

mehndi

Las bodas son grandes celebraciones en la India. Duran hasta una semana. Antes del casamiento, las manos y los pies de la novia se pintan con **mehndi**. Un mehndi es como un tatuaje que se hace con una tintura marrón rojiza llamada **henna**. La novia también usa muchas joyas. Los novios usualmente llegan cabalgando a la boda.

La cultura india

La **cultura** india es una mezcla de costumbres antiguas y nuevas. La cultura incluye el arte, la música, los deportes, las comidas y la vestimenta. Los indios interpretan canciones, bailes y obras de teatros que tienen miles de años. También les gusta mirar películas y escuchar música moderna.

Esta mujer realiza un baile indio tradicional.

*Los artistas callejeros tocan música en las calles y los bazares de las ciudades de la India. Este niño y su padre tocan violines tradicionales llamados **ravanhasta**. Ellos fabrican sus propios instrumentos.*

El cricket es el deporte más popular en la India. Las personas juegan en los campos de todo el país. El cricket es muy parecido al béisbol, pero las reglas son diferentes.

Estas personas toman una clase de **yoga** en la India. El yoga es un conjunto de ejercicios suaves. Se practicaba en la India hace miles de años. Hoy en día, el yoga es muy popular en todo el mundo.

¡Viva Bollywood!

A los indios les encanta ir al cine. Cada semana, millones de indios hacen fila para ver actuar a sus estrellas favoritas en la gran pantalla. Muchas de las películas indias se hacen en Mumbai. El sobrenombre para la industria cinematográfica de esta ciudad es "Bollywood". Bollywood es una mezcla de los nombres Bombay y Hollywood. Bombay es el antiguo nombre de Mumbai.

Las películas indias son famosas en muchos países, especialmente en donde viven muchos indios.

La comida india

Esta fotografía muestra algunos platos deliciosos. ¿Cuál te gustaría probar?

La India se conoce por su comida sabrosa y picante. Muchos platos indios se hacen con arroz o trigo. Estos son los alimentos **básicos** en la India. Los platos se condimentan con **curry**, ajíes rojos y otras especias. En estas páginas se muestran algunos de los sabores de la India.

Estas especias están a la venta en un bazar indio.

naan

*Muchos indios son **vegetarianos**. Los vegetarianos no comen carne. Esta mujer vende vegetales frescos en el mercado.*

*Esta mujer prepara **naan**. El naan es un pan ovalado y esponjoso.*

Este plato indio se condimenta con curry y se sirve con arroz.

28

La vestimenta india

La ropa india es cómoda. Está hecha de algodón. El algodón ayuda a mantener a las personas frescas cuando hace calor. Las vestimentas de los hombres y de las mujeres son coloridas. Los hombres indios usan **dhoti**, polleras y pantalones sueltos. Un dhoti es una tela de algodón que se envuelve en la cintura y se pasa por el medio de las piernas. Muchos hombres también usan **turbantes** o bufandas largas que se envuelven alrededor de la cabeza. Los niños usan ropas tradicionales y modernas.

Estas personas tienen diferentes clases de vestimentas. Las mujeres usan vestidos con *salwar-kameez*. Los salwar son pantalones sueltos y los kameez son vestidos largos. Las mujeres además usan *chales* o bufandas anchas. Muchos jóvenes usan prendas modernas como pantalones vaqueros y camisetas.

Muchas mujeres usan **sari**. Un sari es una tela larga que se envuelve alrededor del cuerpo de las mujeres.

Tu propia excursión

En la India hay muchas cosas maravillosas para ver. La India tiene paisajes hermosos, edificios asombrosos y obras de arte espectaculares. Es un país muy colorido. Si fueras de visita a la India, ¿cuáles de estas cosas te gustaría hacer o ver? Esta joven mujer será tu primera guía. Ella vive en el Himalaya. El Himalaya es una cordillera de montañas inmensas. La montaña más alta de la Tierra, el monte Everest, forma parte del Himalaya. Estas montañas forman la frontera entre la India y China.

Podrías unirte a estos excursionistas. ¿Qué tan alto puedes escalar?

Al terminar tu excursión por el Himalaya, verías el atardecer más hermoso con colores dorados puros.

Podrías visitar el Taj Mahal, el lugar más famoso para visitar en la India. Este edificio asombroso es una **tumba**. Una tumba es un lugar en donde entierran a las personas cuando mueren. Un gobernador indio construyó el Taj Mahal cuando murió su esposa. El Taj Mahal es una obra de arte. El cielo detrás de él también es una obra de arte.

Podrías mirar un emocionante baile **kathakali**. Kathakali es música, pintura, actuación, historia y baile. Los bailarines usan trajes espectaculares.

Puedes encontrar bailarines de kathakali en Kerala, un lugar de la India. En Kerala, también puedes dar paseos en barco en los **canales**. ¿Darías un paseo en barco?

Glosario

Nota: Algunas palabras en negrita están definidas en el lugar que aparecen en el libro.

alimento básico (el) Un producto principal que se cultiva o fabrica y se come o utiliza todos los días

aljibe (el) Un agujero profundo hecho en la tierra de donde las personas obtienen agua

canal (el) Un curso de agua angosto hecho por los seres humanos por el que viajan barcos

capital (la) La ciudad en la que se encuentra el gobierno principal de un país

colono (el) Una persona que vive en una colonia

costa (la) La parte de la tierra que está cerca de un océano

curry (el) Un condimento que está hecho de varias clases de especias; un plato condimentado con curry

festival (el) Un evento o una celebración especial

idioma oficial (el) El idioma utilizado por el gobierno y en los negocios, y que los niños aprenden en la escuela

inundación (la) Una gran cantidad de agua sobre la tierra

materia prima (la) Una sustancia que se encuentra en la naturaleza y que se utiliza para elaborar productos

pobreza (la) Tener poco dinero

protesta (la) Un acto público de desacuerdo

registrar Conservar por escrito o en dibujos los eventos sucedidos en ciertos momentos de la historia

religión (la) Un conjunto de creencias acerca de Dios o dioses

república (la) Una clase de gobierno que no tiene reyes ni reinas como líderes y en el cual estos últimos son elegidos por la gente

sequía (la) Un período largo sin lluvias

tejido (el) Tela que se hace tejiendo

templo (el) Un edificio utilizado para rendir culto

terremoto (el) Un violento sacudón de la tierra causado por un movimiento en lo profundo de la Tierra

tradicional Describe aquello que se ha practicado durante muchos años

vendedor (el) Una persona que vende cosas

Índice

Impreso en China – CT